中外文稀有版本文献

《工资、价格和利润》

⑤

劳动价值说易解

【德】卡尔·马克思◎著
西　流◎译

中央编译出版社
Central Compilation & Translation Press

《工资、价格和利润》的出版与传播

（代序）

一　国外主要版本和传播情况

《工资、价格和利润》最初是马克思于1865年6月20日和27日在国际工人协会中央委员会会议上用英语作的报告。目前保存下来的报告稿是马克思的手稿，没有标题，开头写有："1865年6月20日星期二向中央委员会宣读"，全文由作者分为十四节。1898年，报告由马克思的女儿爱琳娜·马克思–艾威林以《工资、价格和利润》为标题在伦敦发表，并附有爱琳娜的丈夫爱德华·艾威林写的序言。在序言中，他将这部著作称为《资本论》第1卷的浓缩版，并且当时该文的德文版翻译已经完成。其中，引言和前六节在手稿中没有标题，出版时所用的标题是由爱琳娜加上的。

自1859年马克思的第一部经济学研究著作《政治经济学批判》发表以来，马克思虽然潜心进行经济学研究多年，写下了大量的经济学研究手稿，其中包括《1857—1858年经济学手稿》《1863—1864年经济学手稿》等大量内容丰富的经济学研究成果，并且持续进行《资本论》的创作，但是在1859年之后，马克思并没有公开发表其经济学研究成果。而且即使在演讲之后，为了避免与即将出版的《资本论》重复，虽然有人建议马克思发表演讲稿，但在马克思有生之年并没有发表这篇讲稿。所以，1865年的演讲，马克思公开地、简明地宣讲自己的经济学研究成果，是公众得以一窥马克思经济学思想的一个难得机会。《工资、价格和利润》的首次发表是在马克思去世之后，也是在《资本论》第1卷出版之后，但是这篇报告的发表，一方面让读者，特别是普通百姓通过通俗易懂的形式了解马克思的经济学思想，具有大众传播的意义；另一方面，这篇演讲稿是马克思经济学研究进程中的一个过程，还没有达到《资本论》的成熟程度，马克思的经济学思想还在进步中，所以这篇演讲稿也是理解马克思经济学思想形成史的一个活的里程碑，通过对比研究，可以发现马克思经济学思想的进展路径，具有重要的学术意义。此后，《工资、价格和利润》德文版、法文版、俄文版等相继问世，极大地推动了该著作在世界各地的出版和传播。

二　国内主要版本及其传播情况

《工资、价格和利润》这部著作是马克思于1865年6月直接针对国际会员韦斯顿的错误观点在国际工人协会总委员会会议上用英文作的报告，是马克思的重要政治经济学著作之一。马克思在这部著作里扼要而通俗地叙述了他的经济学说的原理，揭示了剩余价值的实质。马克思的这部著作很早就传入中国，出现多个译本，反复再版。

（一）单行本译本

1. 1922年上海商务印书馆出版了由李季译、陶孟和校的该著作的中译本，书名为《价值、价格和利润》，是这部著作第一次在中国发行单行本全译本，为当时先进的中国人学习和研究马克思主义政治经济学提供了最早的资料。

2. 1929年上海泰东书局出版了朱应祺、朱应会的中译本，书名为《工资价格及利润》，定价五角。该书采用竖版繁体字印刷。在书前的“译者小引”中，译者写道：“本书是马克斯一八六五年六月二十六日在国际劳动总务委员会席上的一篇演说文章。当时马氏不过五十岁，距今约六十余年，两年后，即一八六七年《资本论》第1卷也已出版，所以他的经济学体系那时已就成熟了。这书原稿是英文的，是马克斯死后所发现的遗稿，不是他生前出版的。编订分节都是马克斯的幼女伊利诺（Elernor Marx Aveling）及他的女婿爱底瓦得（Edward Aveling）两人的功夫。英文原本标题为《价值价格及利润》（*Value Price and Profit*）。德文本子是本斯泰因（Bernstein）所翻译的，标题为 *Lohn Preis und Profit*，本丛书现依德国译本翻译，因此，就题为《工资价格及利润》。说到本书的内容，总可算是马克斯经济学的骨子，又可说是《资本论》的缩略。页数虽少，而《资本论》上的重要问题大概都已涉及。尤其《资本论》第1卷与第3卷的主要部分，更简明地叙述出来。又剩余价值学说史上所讨论的许多问题也于本书的第八章及第十一章中，明白解释。所以研究马克斯经济学的人不可不读《资本论》，而研究《资本论》的人不可不先把这本小册子反复熟读，所以我们把它译出，作为马克斯研究丛书的第四种。”① 这里提到的《马克斯研究丛书》指20世纪30年代泰东书局出版的一套马克思研究学术的著作，其中包括《马克斯的经济概念》《马克斯的民族、社会及国家概念》《马克思的伦理概念》《马克斯的工资劳动与资本》和《马克斯的国家发展过程》等书，较早地向中国介绍和传播了马克思的著作和思想。

朱应祺翻译的《工资价格及利润》于1949年由世界文化出版社再版。

3. 王学文、何锡麟译本，系根据英文本译出，书名为《价值、价格和利润》，全书44000字。该译本最早收于1939年出版的《政治经济学论丛》一书中，单行本最早于1946年由生活书店出版，新中国成立后的第一版1950年2月由三联书店（上海）出版，1953年12月由人民出版社仍以三联书店名义出版（平装，0.22元）。该版本多次再版重印，各版之间有细微差别。

① 马克斯：《工资价格及利润》，朱应祺、朱应会译，上海：上海泰东图书局出版1929年版，第1页。

4. 中央编译局翻译的单行本。由中央编译局翻译、人民出版社出版的单行本《工资、价格和利润》是按照《马克思恩格斯全集》中文版第16卷中所载译文排印的，后有注释20条（一版4次后改为19条），全书共四万三千字。本书初版于1964年4月，第1—3次印刷（平装，0.19元）时均未署译者名。1965年1月另出精装本（0.68元）。1971年11月第一版第4次印刷时开始署名，至1975年10月为第一版第7次印刷（平装，0.17元）。另外，本书于1964年6月及1971年12月曾两次出版过16开大字本。

（二）被收录著作集

1.《马克思恩格斯全集》第一版第16卷第111页至169页，收录了《工资、价格和利润》。该版《工资、价格和利润》从俄文翻译过来，题页注明“原文是英文，俄文是按手稿译的”。主要是根据《马克思恩格斯全集》俄文版第二版第16卷（1960年出版）翻译和校订的，并参考了《马克思恩格斯文选》（两卷集）中文版的有关译文。在这一篇的题注中标明：“这部著作是卡·马克思于1865年6月20日在总委员会会议上用英语作的报告。这篇报告是由委员会委员约翰·韦斯顿5月2日和23日的发言引起的；韦斯顿在发言中企图证明，货币工资水平的普遍提高对工人没有好处，并由此做出工会‘有害’的结论。保存下来的报告稿是马克思的手稿。报告由马克思的女儿爱琳娜以‘价值、价格和利润’（*Value*，*Price and Profit*）为题于1898年首次在伦敦发表，并附有E.艾威林写的序。手稿中引言和前6节没有标题，由艾威林加上了标题。在收入本卷时，除了总标题以外，这些小标题都保留下来了。”①

2.《马克思恩格斯全集》第二版第21卷第155页至212页收录了《工资、价格和利润》。这一中文版本根据《马克思恩格斯全集》1992

① 《马克思恩格斯全集》第16卷，北京：人民出版社1964年版，第733页。

年历史考证版第一部分第20卷进行翻译，原文是英文，于1898年以小册子形式在伦敦出版。在题注中标明："这是马克思于1865年6月20和27日在国际工人协会中央委员会会议上用英文作的报告。中央委员会委员约·韦斯顿在5月2和23日的发言中企图证明，货币工资水平的普遍提高对工人没有好处，并由此做出工会'有害'的结论。马克思遂于1865年5月20日—6月24日写成这篇报告，报告中不仅揭穿了商品价格取决于工资水平这一虚假理论，而且阐明了马克思主义政治经济学的许多关键问题。保存下来的报告稿是马克思的手稿，没有标题，开头写着：'1865年6月20日星期二向总委员会宣读'。全文由作者用阿拉伯数字分为十四节。这篇报告在马克思生前没有出版过。因为他担心发表这篇报告，会过早地挪用他当时正在紧张写作的《资本论》中的一些重要原理。1898年，报告由马克思的女儿爱琳娜以《价值、价格和利润》为题首次在伦敦发表，并附有爱·艾威林写的序。引言和前六节在手稿中是没有标题的，由艾威林加上了标题。在本卷中，除了总标题以外，这些小标题都保留下来了。这篇报告的德译文发表在1898年《新时代》第6年第2册，由伯恩斯坦翻译的德译文用的标题是《工资、价格和利润》。"①

3.《马克思恩格斯文集》第3卷第25页至78页收录了《工资、价格和利润》，这个版本是根据《马克思恩格斯全集》历史考证版第一部分第20卷并参考《马克思恩格斯全集》德文版第16卷翻译，原文于1898年以小册子的形式在伦敦出版。这一版本的题注内容更加丰富："《工资、价格和利润》是马克思的一部重要的政治经济学论著。马克思在这部著作中扼要而通俗地阐述了《资本论》中一些重要原理，说明了剩余价值的形成过程和工资的实质，揭示了资本家对工人进行剥削的秘密。他指出，资本家的本质是追求最大限度的利润，工人阶级必须不断为提高工资和缩短工作日而斗争，才能对资本家的贪欲有所抑制，

① 《马克思恩格斯全集》第21卷，北京：人民出版社2003年版，第634页。

才能防止自己的地位不断恶化。在深刻论证工人阶级开展经济斗争的必要性和重要性的同时，马克思也指出了经济斗争的局限性，强调要把经济斗争和政治斗争结合起来。他指出，单纯的经济斗争反对的只是结果，而不是产生这种结果的原因，工人'应当摒弃做一天公平的工作，得一天公平的工资！这种保守的格言，要在自己的旗帜上写上革命的口号：消灭雇佣劳动制度！'。本文是马克思于1865年6月20日和27日在国际工人协会中央委员会会议上用英语作的报告。中央委员会约·韦斯顿在5月2日和23日的发言中企图证明，货币工资水平的普遍提高对工人没有好处。马克思于1865年5月20日—6月24日写成这篇报告稿，批驳了这个错误观点。目前保存下来的报告稿是马克思的手稿，没有标题，开头写有：'1865年6月20日星期二向中央委员会宣读。'全文由作者分为十四节。1898年，报告由马克思的女儿爱·马克思-艾威林以《价值、价格和利润》为标题在伦敦发表，并附有爱·艾威林写的序言。引言和前六节在手稿中没有标题，由艾威林加上了标题。本卷除总标题以外，保留了这些小标题。这篇报告的德译文发表在1897—1898年《新时代》第16年卷第2册，译者是爱·伯恩斯坦，采用的标题是《工资、价格和利润》。1922年上海商务印书馆出版了由李季译、陶孟和校的该著作的中译本，书名为《价值价格和利润》；1929年上海泰东书局出版了朱应祺、朱应会的中译本，书名为《工资、价格和利润》；1939年延安解放社出版的王学文、何锡麟、王石巍翻译的《政治经济学论丛》收有这篇著作的中译文。"①

（本文来自2017年中央编译出版社出版的史清竹所著《马克思〈工资、价格和利润〉研究读本》有关内容。）

① 《马克思恩格斯文集》第3卷，北京：人民出版社2009年版，第629页。

勞動價值說易解

馬克思著
西流譯

亞東圖書館印行

馬克思著

勞動價值說易解

西流譯

亞東圖書館印行

勞動價值說易解

實價國幣二角

發行所　亞東圖書館
上海虞洽卿路四七五弄六號

門市部　求益書社代理
上海四馬路三七五號

分售處　各省各大書店

中華民國二十七年十月出版

譯者的話

這本書本名價值價格與利潤，是馬克思於一八六五年在倫敦國際勞動者同盟的大會上的演講稿，中文本早就有人譯出過，現在已經絕了版，不容易購得到了。這就是我所以把牠再譯出來的原因。

還有一個原因，我所根據的本子是堺利彥氏的日譯本，堺氏為着便於日本大衆的閱讀起見，在譯譯方面力求通俗明白，有許多的節略，如把其中與他人辯駁的地方都刪去不譯，他并且又加了一些註釋，在日文方面這是公認的很好的一個通俗的小册子。我想中國的初學者，也正需要這樣一個通俗的小册子。

勞動價值說乃是馬克思理論的基礎；而剩餘價值的學說，更是瞭解資本主義社會的鎖鑰；至於勞動與資本間的鬥爭，則馬克思認定是走向新社會的唯一大道。而本書對於勞動價值，剩餘價值，以及資本與勞動間的鬥爭，均有簡單明白的敍述。

譯者。　一九三八，十，一○

目次

一　價值與勞動

各位：我們在這裏提出的第一個問題，就是『商品的價值是什麽？』和『商品的價值是怎樣決定的？』

乍然一看，好像商品的價值完全是相對的東西，若不把某一商品與其他的商品比較起來研究，即不能決定該商品之價值。實際上，我們每次說到某一商品的價值（交換價值）的時候，意思就是說該商品與其他的商品交換時之比例的分量。但是，如果是這樣，那末在這裏問題就發生了。商品相互交換的比例，又是怎樣決定的呢？

在實際的經驗上，我們知道這種比例是可以發生無限的變化的。拿小麥作例來看，一担小麥可以用無數不相同的比例，來與別的種種商品相交換。但是，小麥的價值不管是用絲綢，金銀，或其他任何商品來表現，其價值無論何時總是同一的，所以價值的本身，一定是與這種種交換率不相同的另一種東西。因此，這種種的交換率一定可以用一種與牠們大不相同的形式來表現。

不僅如此，一石小麥若能用某種比例來與鐵交換，這卽是說，一石小麥的價值若能用某種分量的鐵來表現，這時小麥的價值以及與小麥相當的鐵的價值，一定要等於不是小麥，也不是鐵，而是一個第三者的東西。在這種場合，小麥與鐵是由同一的分量用兩種不相同的形式表現出來的。所以這兩種東西（小麥與鐵），必須還元到一種與小麥和鐵都不相同的第三者的東西。這個第三者的東西，卽是小麥與鐵的共同的尺度。

爲着說明這一點，我們可以從幾何學上取一個極其簡單的例子來看。拿種種不相同的三角形的面積加以比較，或者把三角形與長方形（或其他種種的直線形）作比較，這個時候我們將怎樣去進行呢？我們只要把任何三角形的面積，還元到與其外形完全不相同的表現方法就行了。原來三角形的面積，是等於底乘高的積之半，由於這種性質，我們可以把各種三角形的面積還元成各種的數字。於是我們就可以比較一切三角形的種種價值了。而長方形和其他的直線形，因爲可以分割成爲幾個三角形，所以也可以用同樣的方法來比較。

關於商品的價值，也可以應用與上面相同的方法。這就是說把一切的

價值與勞動

四

商品還元到牠們的共同的表現方法，於是看各商品究竟各含有若干的共同尺度，按照其比例就能區列各種商品了。

一般地說來，商品的交換價值只是該物品之社會的作用。與牠的自然性質是沒有關係的，所以我們首先不能不問：一切商品共同的社會的實質又是什麼呢？那就是『勞動』。要生產商品，非消費若干的勞動在牠上面不可。而這個勞動幷非簡單的勞動，乃是社會的勞動。人若是直接爲自己的使用而生產物品，那這種物品固然是生產物，但不是商品。這種人是自給自足的生產者，與社會幷無何種關係。但是在生產商品的場合，那非但具生產一些滿足社會某種慾望的貨物，而且這個人的勞動本身，也不能不成爲社會所耗費的勞動總額之一部份了。這卽是說，這種勞動不能不從屬於社會內部的分工。因此這種勞動，若無別的各種分工是不能成立的，也可以說，這種勞動是補充其他各種分工的。

所以，我們把商品作爲價值來考察的時候，是單單從社會勞動之具體化和結晶化的見地出發來考察的。根據這種考察的方法，各種商品的差異，只在于其代表的勞動分量之多少而已。例如一條絲手巾，可以說是比一塊磚費了更多的勞動。但是這種勞動的分量是怎樣計算的呢？那是用繼續勞動的時間來計算的。卽是用日子和鐘點來計算勞動的。用不着說，作這種計算的時候，是把各種勞動還元成單位的平均勞動（或單一勞動）的。

這樣，我們就達到以下的結論。商品之所以有價値者，因爲牠是社會勞動的結晶。商品的價值（或其相對的價値）之大小，要看其中所含的社會的物質之多少而定。卽是要看商品的生產所必要的勞動量之多少而定。因此，各種商品的相對價值，是由實現和附着在各種商品之中的勞動量而決定的。用同一的勞動時間所生產的各種商品的各種數量，其價值是同一的。再者，這一商品的價值與另一商品的價值之比例，就是實現在這一方面的勞動量與實現在那一方面的勞動量之比例。

我想各位聽到這裏，或者會提出這樣的一個問題：若果那樣，那麽用勞動工錢來決定商品的價值與用生產所必要的勞動量來決定商品的價值之間，是不是眞有什麽大的（或者是存什麽）差異呢？但是各位首先不能不知道，對於勞動的報酬，與勞動本身的分量，是完全不同的兩樣東西。假定在一石小麥和四分金子之中，附着同樣的勞動量。那末，一石小麥與四分金子是價値相等了。兩方面都是平均勞動的相等分量之結晶，又是附着在兩者當中的勞動的日數（或時間數）之結晶。這樣，在決定金子與小麥的相對價値的時候，我們是不是還考慮到農民和礦工的勞動工錢呢？當然不考慮。對於他們的勞動是怎樣支付的，甚至於是否僱用工錢勞動，這些我們都完全不問。并且若是僱用工錢勞動，則兩者的工錢也許是很不相同的。把他的勞動實現在一石小麥之中的勞動者，也許只能得到四斗小麥，而在金礦作工的勞動者，也許只得到二分金子。即令工錢相同，但把工錢與他們所生產的商品的價値來相比較，也會生出種種的差異來。他們的工錢，可以是一石小麥的或四分金子的二分之一，三分之一，四分之一，五分之一，或任何分之一。用不着說，他們的工錢不會在他們所生產的商品的價值之上，總是在牠以下的。他們的工錢固然依據生產物的價值而定，但生產物的價值則決不依據工錢而定。小麥與金子的相對價值之決定，與所使用的勞動的價值（即工資）并無何等關係。因此，根據附着在商品之中的勞動量來決定商品的價值，與用勞動的價值（或工錢）來決定商品的價值（這是一種無意義的循環論法），完全是兩回不同的事情。關於這一點，以後我們還要詳細說到。

在計算商品的交換價值之時，除了最後所使用的勞動量以外，還必須加上以前施於原料的勞動量，和消費在器具，機械和建築物之上的勞動量（這種勞動量是補助最後的勞動的）。例如若干棉紗的價值，是在紡織過程之中所加於棉花的勞動量，和以前實現在棉花本身的勞動量，和實現於煤，煤油以及其他補助物中的勞動量，再加上附着在蒸汽機，紡錘以及工場建築等物的勞動量之總和。生產機關（生產手段）如器具，機械，建築等物，在生產反覆進行之中，是不斷的被使用着。若是這些東西與原料一樣，一次就消費完了的話，那麼其全價值應該一次就轉移到商品之上來了。但是拿紡錘來說吧，紡錘要在很長久的過程之中才漸漸的消費掉，所以把牠耐用的平均時日作基礎，我們就可以計算出牠在某一期間（例如一日）平均的消耗量是多少。這樣，我們就可以計算紡錘的價值，究竟有多少是移到每日紡出的棉紗之上了。因之，也就可以計算在實現於一磅棉紗之中的勞動總量之中，究竟包含有多少以前實現在紡錘上面的勞動量。

說到這裏，也許會有人這樣想也未可知，就是商品的價值，既然是由於生產牠所費的勞動量來決定的，那麼勞動者愈怠惰，或者愈不熟練（因爲商品的完成需要更多的時間），那商品的價值也就愈多。但是，這是一個嚴重的錯誤。各位，我在前面使用『社會的勞動』這一名詞，這你們大概還記得吧。在這個『社會的』形容詞之中，包含了許多的意義。我們說商品的價值，是由該商品所費之勞動量來決定的，這個意思就是指：在一定社會狀態之下，即是在一定平均的社會生產條件之下，用勞動的平均強度和平均熟練，生產那件商品所費的勞動量而言。在英國，當機器織機與手工織機競爭的時候，由若干棉紗織成一碼棉布，只需要以前一半的勞動時間，所以可憐的手織機的職工，只有改變平常九點鐘到十點鐘的勞動時間的規定，而每天勞動到十七八點鐘。但是，他們勞動二十點鐘所生產的物品，僅只能代表社會勞動的十點鐘（即是把若干棉紗變成布匹，其社會的必要勞動時間爲十點鐘）。因之，他們二十點鐘的生產物，只有從前十點鐘的生產物的價值。所以，既然實現在商品之中的社會的必要的勞動分量，決定了該商品的交換價值，那麼隨着生產所需要的勞動量之增加或減少，商品的價值也必然增加或減少了。

再者，若是生產各商品必要的勞動量不發生變化，則各商品的相對價值也不會發生變化的。但在實際上並不如此。商品生產所必要的勞動量，常常隨着勞動生產力的變化而不斷的變化。勞動生產力愈大，則在一定的時間以內所完成的生產物也愈多，若生產力愈小，則在同時間以內所完成的生產物也愈少。例如因爲人口的增加，所以不能不去耕種不十分肥沃的土地，若要得到與從來相等的生產物，就必須花費比從來更多量的勞動，因之農產物的價值也就高漲了。與此相反，憑藉近代的生產手段，一個紡織工人，與從前紡紗車的時代相比，可以多紡出無數倍的紗來，所以現今的紗，與從前的紗相比，很明顯的是少吸收了無數倍的紡織勞動，而在紡織過程之中所加於棉花的價值，也應該比從前少無數倍了。因之，棉紗的價值就下落了。

勞動的生產力，除了各人的本質的精力之差異和學得的勞動技能之差異以外，主要的是由以下二點來決定的：

第一，勞動的自然條件。卽土地，礦山，以及其他的肥沃的程度。

第二，社會的勞動力之進步。卽大規模的生產，資本的集中和勞動的結合，分工的發達，機械的使用，勞動方法的改良，化學力以及其他自然力之應用，因交通機關發達而產生的時間空間之縮短，此外，一切驅使自然力以供勞動之用和使勞動的社會的（即協力的）性質日益發達的設備。

這樣，生產力愈大，則加於一定量的生產物的勞動就愈少了。因之生產物的價值也就減少。生產力愈小，則加於同量生產物的勞動也愈增大。因之其價值也就增大。於是就發生以下的一般的法則。

商品的價值，與生產該商品所使用之勞動時間成正比例，而與勞動生產力成反比例。

以上所討論的，只是關於價值的問題，所以我們不能不在這裏對於價格（價格是價值的特殊形態）問題，稍微說幾句。

價格就其自身來看，不過是價值之貨幣的表現（用貨幣來表現價值）而已。例如英國的商品的價值用金的價格來表現，而歐洲大陸的商品，則主要的是用銀的價格表現的。金或銀的價值，也與其他一切商品的價值一樣，是以取得牠們所必須的勞動量來決定的。你們各位——試把你們國家若干勞動量所結晶成的某種分量的國產物，與出產金銀的國家若干勞動量所結晶成的國產物（卽金銀）相互交換看看。各位這樣一來，就會學到由於物物的交換，則一切商品的價值（卽附着在各商品之上的各個勞動量）是可以用金銀來表現出來的。我們若更進一步來精密的考察價值之貨幣的表現（卽把價值轉換成價格），就可知道這一手續（卽用貨幣來表現價值），對於一切商品的價值，都給了一種獨立的然而又是同質的形體。這即是說，把一切商品的價值，作爲同質的社會勞動的各種分量而表現出來。所以價格這種東西，只限於作爲價值之貨幣的表現時，可以叫作「自然價格」，或叫作『必要價格』。

如果是這樣，那麼價值與市場價格（實際的物價）之間的關係，即自然價格與市場價格之間的關係，又是怎樣呢？如你們各位所知道的，同種類的各個商品，不管各個的生產條件如何的不同，但是其市場價格都是相同的。市場價格不過是表現在平均的生產條件之下，把某一物品的若干分量供給市場所必須的社會勞動之平均量而已。這就是說市場價格，是由某種商品對其總額中算出來的，而不是由單個的商品算出來的。

到這裏爲止，我只說到商品的市場價格是與其價值一致的。然而在實際上，市場價格有時高於價值（即自然價格），有時則又低於價值，這種動搖是由于需要與供給的變動而來的。市場價格就是這樣不絕的與價值遊離，然正如亞當斯密斯所說：「自然價格，是使各商品的價格不斷向其歸依的中心價格。由于種種的原故，有時候各商品的價格上昇到自然價格之上很多，有時候又下降到牠的下面很多。但是，不管有什麼障礙物，不管牠怎樣使市場價格不停在這個休息的中心點，然而市場價格是常常傾向於這個中心點的」。

我在此地不能對於這一點作詳細的說明，只再稍微申述一點就行了。若是供給與需要能夠相互保持平行，那商品的市場價格與其自然價格（即由其生產所必須的勞動量所決定的價值）就會是一致的。需要與供給，常常有趨向相互平行的傾向。因爲騰貴由下落而抵消，而下落也因騰貴而補償起來，由於這種上下變動的互相抵消，於是就產生平行的傾向。所以各位若不單單去看每日價格的變動，而注意去研究稍微長期的市場價格的變動，那你們一定就可以發現，市場價格的種種變動和漲落（卽市場價格與價值的差異）是相互對消和相互塡補的。而且若把獨佔以及其他若干的影響除外的話，你們還可以發現所有的商品平均都是以牠們的價值（卽自然價格）出賣的。至於市場價格的各種變動，其相互抵消的平均期間是多長呢，這是依商品的種類而不同的，因爲由於商品種類之不同，使供給適合於需要的運動就有難易之差。

由此觀之，若從一般的與長期的加以考察，則可知所有的商品，都是按照牠們的價值出賣的，那麼若有人以爲利潤（不是講個別的企業所得的利潤，而是各種事業所生的通常不斷的利潤）這種東西，是從商品的價格當中產生出來的（卽是說把商品的價格抬高在其價值以上出賣而得來的），那顯然是一種混亂的思想了。我們若把這種說法擴大來看，則其混亂更加顯而易見了。假定某人是一賣者，因爲在價值以上的價格出賣物品，所以他不斷得利，但是他作買者的時候，因爲在價值以上的價格買進物品，所以他又不斷受着損失。也許有人要說，在世間上，有并不是賣者的買者，卽是說有不是生產者的消費者。然而這種說法依然是無用的。卽令就有這種人，那他們買東西時所支付給生產者的錢，在最初一定是從生產者方面白白得來的（若是不出賣任何東西而能有錢在手，那這錢一定是從別處白白得來的）。現在假定有個人來把你們各位的錢奪去，然後又把那個錢來買各位的東西，那會怎麼樣呢？不管各位把商品賣得多貴，但一點也沒有賺到錢。這樣一種交易，也許可以減少一點損失，但決不能來產生利潤的。

因此我們要說明利潤的本質時，不能不從以下兩種理論出發：第一，各種商品平均起來是以牠的眞實的價值出賣的，第二，利潤是從商品按照牠的價值出賣（卽是按照商品之中所實現的勞動量而出賣）而得來的。若是在這個前提之下無法來說明利潤，那我們就完全不能說明利潤了。這看起來好像是一種奇說，好像是與日常的見聞相反似的。但是，地球環繞太陽而行，水是由兩種極易燃燒的氣體構成的，這不也是同樣的像奇說嗎？日常的經驗，只能抓住一切事務之紛亂的外觀，若從這種經驗出發來判斷，則無論何時，科學的眞理都成爲奇說了。

二　勞動力

我們旣然已經把價值的性質（一切商品的價值的性質）加以大略的分析，現在應該進而研究所謂『勞動的價值』這種特殊的價值了。我在此地，又不能不說出一些乍然一看很像奇說的話來驚動各位。

你們各位恐怕大家都覺得，你們每日所出賣的東西，就是『你們的勞動』。因此『勞動』也有『價格』。旣然商品的價格，不外是商品的價值之貨幣的表現，那麽所謂『勞動的價值』當然也就存在了。但是，按照價値這個名詞的普通意義來說，所謂『勞動的價值』是決不存在的。我們在前面已說過價値是由結晶在商品之中的必要的勞動分量所構成的。若應用這種價値觀來決定十點鐘的勞動日的價値，那這個勞動日之中含着多少的勞動呢？自然是十點鐘的勞動。這樣，十點鐘的勞動日的價値，可以說是等於十點鐘的勞動。然而這種愚蠢的說法是沒有的。但是，我們若果一旦把『勞動的價値』這一說法所隱藏的眞正意義發現出來，那就很容易看出這種不合理的乍看是不可能的價値觀還是適用的。這正等於我們旣已經知道天體的眞實運動，那就很容易說明其外觀上的現象一樣。

勞動者所出賣的，幷非『勞動』本身，而是『勞動力』。勞動者把自己勞動力的一時的使用讓給資本家。有些國家的法律，規定了一個人出賣他的勞動力的最長期間，由這一點看來，則以上所講的就更容易了解了。

若是允許無限期的出賣勞動力，那麼奴隸制度會卽刻復活起來。一個人若是一生都這樣出賣他的勞動力，那麼這個人就成為他僱主終生的奴隸了。

英國最古的經濟學家而且是獨創的哲學家霍布斯，已經是直覺的感覺到這一點，但是他的後繼者却都把這一點忽略了。他說道，『人的價值，與一切其他的東西一樣，就是他的價格（卽使用他的力量之後所給他的報酬）』。

從這個基礎出發，我們就可以像決定其他商品的價值一樣，來決定『勞動的價值』了。

然而在這以前，也許還要發生一種疑問。在勞動市場以內，一方面有持有土地，機械，原料以及其他生活資料等等物件的買主，而在另一方面，則除了勞動力（卽勞動的手和頭）以外，卽無別的任何東西可以出賣的賣主，這種奇怪的現象究竟是怎樣起來的呢？一方面的人，爲了賺得利潤變成富翁而不斷的買進，而另一方面的人，却只爲着維持自己的生活而不斷出賣自身，這種現象究竟是怎樣起來的呢？若對這個問題加以研究，卽成爲經濟學家所叫的『原始的積蓄』的問題了（卽資本積蓄的根源的問題）。這種原始的積蓄，是長期歷史過程之結果，是勞動的人與勞動的工具分離的結果（卽土地不屬於農民，工具不屬於工人，機械與工場不屬於手工業者，而資本則蓄積在資本家的手中）。因此，原始的積蓄寧可以說是原始的剝奪（卽從勞動的人的手中，奪去勞動的機關）。但是對於這件事，我們在此地不能詳細說明。總之，勞動的人與勞動機關的分離一旦確立以後，那麼這種狀況就繼續不斷的大規模的發展下去。所以到最後的結果，生產方法要起一種新的根本的革命，即推翻這種狀況，而把從前勞動者與勞動工具的結合在新的形體之中恢復起來（這就是資本制度的崩潰，和社會主義的新組織的興起）。

現在我們且來研究，『勞動力的價值』究竟是什麼？

勞動力的價值，與一切其他商品的價值相同，是由生產牠所必需的勞動量來決定的。人類的勞動力，只在人類活的身體之中存在。人類要生長幷繼續維持其生命，則不能不消費若干分量的生活資料。但是，人類也同機器一樣，是不斷消耗的，所以必需有代替的人類。因此勞動者除了維持其自身的生活資料以外，還必須有養育幾個兒童的若干分量的生活資料。不但如此，爲着發展他的勞動力和得到某種程度的熟練技能，他不能不更加消費一些價值。當然，我們在此地只注意平均勞動的，而這種普通勞動者的教育和發達所必須的費用，現在已經在逐漸降低。（因之，這幷不成爲一個大問題了。）但我有一件事情要乘這個機會向各位明白的說一說。要生產各種性質不相同的勞動，其費用是各不相同的，所以使用在各種事業之中的勞動力的價值，也是各不相同的。因此『平等工資』的呼聲，是建築在錯誤的思想之上，是不能實現的，是一種無理的願望而已。這種要求，是那些接受社會主義的前提而避免牠的結論的淺薄的急進主義者所唱的謬論之產物。只要立脚在工錢制度的基礎上，那勞動力的價值的決定，也同一切其他的商品一樣。因此，既然各種勞動力有各種不同的價值，那在勞動市場之上，各種勞動力就有各種不同的價格乃是當然的事了。在工錢制度的基礎之上來要求平等的（或公平的）報酬，與在奴隸制度的基礎之上要求自由是一樣的滑稽。各位在此地所考慮的，不是何者為正當或何者為公平的問題。你們所要考慮的，只是在某一生產制度之下，何者為必然不可避免的問題。

由以上所說的看來，我們可以知道，勞動力的價值，是由生產牠，發達牠，維持牠，幷使牠繼續存在所必需的生活資料的價值而決定的。

三　剩餘價值的生產

現在，我們假定一個勞動者的每日生活資料的平均額，需要生產那些生活資料的六點鐘的平均勞動。又假定六點鐘的平均勞動，具體的化爲三先令的黃金。這樣，這三先令就是那個勞動者的勞動力的價格，亦卽是他的勞動力的價值之貨幣的表現，所以若是他每日勞動六點鐘，那他就是生產了能夠買得他每日平均的生活資料的價值（卽維持他自身生活的價值）。

然而他是個工錢勞動者。他不能不把他的勞動力賣給資本家。若是他每日以三先令出賣他的勞動力，那末他恰好是按照勞動力的價值出賣的。假定他是個紡織工人，他每日勞動六點鐘，那他每日就把三先令的價值增在棉花上。而他每日所加上去的價值，與他每日所取得的工錢（卽他的勞動力的價格）正是相等的。但是這樣一來，資本家就不能取得任何剩餘價值（或剩餘生產）了。

資本家旣買了勞動者的勞動力，支付了勞動力的價值以後，那他就同一切其他的購買者一樣，有權利來使用或消費那買進來的商品了。要消費或使用機械，就是要使牠運轉。要消費或使用人類的勞動力，就是要使人勞動。所以資本家旣然買了勞動者的勞動力之一日或一週的價值，那他就有權利使用那勞動力一天或一整禮拜。用不着說，一日的勞動時間是有限制的，關於這一點我們以後再詳細來說。現在在這裏我只想請求你們各位注意一個決定點。

勞動力的價值，固然是由維持牠和再生產牠所必要的勞動量來決定的，但勞動力的使用，却只受勞動者的精力和體力所限制。勞動力的一日（或一週）的價值，與勞動力的一日（或一週）的勞動，是完全不同的兩件事情。這恰好如同馬的飼料，與那馬能供主人騎走的時間，是完全不同的兩件事一樣。限定勞動者勞動力的價值之勞動量，決不限制該勞動力所能完成的勞動量。我們拿紡織工人作例來說吧。如以前所說的，爲了每日再生產他的勞動力，他不能不每日生產三先令的價值。爲了這他只消每日勞動六點鐘就行了。但是，他決不因此就不能每日勞動十點鐘，或十二點鐘，或比這更多的時間。而且資本家因爲支付了那個紡織工人的勞動力一日（或一週）的價值，所以他就有權利整天（或整週）使用那勞動力。這樣，資本家就使紡織工人每日勞動十二點鐘。於是這個紡織工人，除了償付自己的工錢（即自己勞動力的價值）的六點鐘以外，還要勞動六點鐘。我把這個六點鐘叫作「剩餘勞動」的時間。那種剩餘勞動具體化的時候，即成爲「剩餘價值」，即成爲「剩餘生產物」了。

因此，那個紡織工人，每日勞動六點鐘就附加三先令的價值（即相當於他的工錢的價值）於棉花上，那他勞動十二點鐘，當然附加了六先令的價值，因此也就產生了三先令的剩餘棉紗了。但是他既然把他自己的勞動力賣給資本家，那他所造出的全部價值（或全部生產物），就都屬於他的勞動力的暫時所有者資本家之手。所以資本家先付三先令，而所得到的是六先令的價值。這即是說，資本家先付出六點鐘的勞動所結晶的價值，而得到的則是十二點鐘的勞動所結晶的價值。這樣每日的重覆下去，資本家每日先付三先令，而得的東西却是六先令。而其中的一半又可以重新作爲工錢付出去，另一半則完全成爲「剩餘價值」了。資本與勞動之間的這種交換的方法，就是資本主義生產（工錢制度）所依據的基礎。而其結果，則不斷的使勞動者永爲勞動者，而使資本家則永爲資本家以繼續再生產。

至於剩餘價值率（若是其他一切情況不變的話），是由必要勞動時間（再生產勞動力的價值所需的時間）和剩餘勞動時間（白白爲資本家效勞的剩餘時間）之比例的大小而決定的。換言之若必要勞動時間愈小卽剩餘勞動時間愈大，則剩餘價值率亦愈大。反之若必要勞動時間愈大卽剩餘勞動時間愈小，則剩餘價值率亦愈小。（這一小段是意譯的——譯者）

四　勞動的價值

讓我們在此地再回頭來研究「勞動的價值或價格」。

如以前所講的，所謂勞動的價值（或價格），在實際上，不過是用勞動力的價值，卽勞動力所必須的商品的價值來計算的。但是，因爲勞動者在執行了自己的勞動以後，收受了工錢，而且又因爲他知道他已經把自己的勞動給與資本家了，所以他的勞動力的價值（或價格），在他看起來，必然好像就是勞動本身的價值或價格了。他的勞動力的價格若是三先令，而他勞動的時間又爲十二點鐘，那他必然認爲這三先令就是十二點鐘的勞動的價值。但在實際上，三先令是六點鐘的勞動的具體化，十二點鐘的勞動的具體化應該是六先令。這一事實發生了兩個結果。

第一，勞動力的價值或價格，在外觀上表現爲勞動本身的價值或價格。嚴格的說，所謂勞動的價值或價格，簡直都是無意義的名詞了。

第二，雖然勞動者一日的勞動之中，只有一部份是受了報酬，而其他的部份是沒有報酬的，雖然這個無償的勞動或剩餘勞動，卽是資本家所取得的剩餘價值（卽利潤）之源泉，然而全體的勞動，看起來好像都是有償的勞動。

這種虛僞的外觀，使工錢勞動與歷史上其他的勞動形態（奴隸和農奴）有所區別。在工錢制度的基礎上，無償勞動看起來好像是有償勞動。而在奴隸制度之中，奴隸勞動得了報酬的部份，看起來又好像是沒有得着報酬。用不着說，既要奴隸勞動，那就不能不讓他生存。因之奴隸勞動時間的一部份，是用來維持他自己的。但是，因爲奴隸與主人之間，并無什麽交易和買賣，所以奴隸一切的勞動，看起來好像都是無償的勞動。

其次，我們就農奴（在東歐的全部，農奴在最近以前還存在的）來研究看看。這些農奴，照例有三天是在自己的農地上勞動，而其後三天，則被迫在領主的土地上爲領主作無報酬的勞動。在這種場合，勞動有報酬的部份和無報酬的部份，是很明顯的可以區別出來的，在時間上和在空間上都是可以區別的。然而資產階級的自由主義者，對於封建的領主，却發出道德的義憤，說什麼領主無報酬的使人勞動是一件無理的事情！

但是從實際上來看，一個農奴在一週之中，有三天是在自己的土地上爲自己工作，而其餘的三日，則在領主土地上無報酬的勞動，這與一個工人在工場內，每天有六小時爲自己工作，而其餘的六小時則爲僱主勞動不是一樣的嗎？不過在後者的場合，有償勞動與無償勞動是不可分離的混在一起，而且因爲契約的形式與週末支付工資的方法，把全部交易的性質遮蔽起來能了。在一方面，無償勞動是任意索取的，而另一方面，無償勞動是強制的。兩者的不同，不過如此。

底下，凡是用到『勞動的價値』這個名詞時，我只把牠當作『勞動力的價値』這一名詞的通俗用語。

五　取得利潤的方法

假定一點鐘的平均勞動實現六便士（半先令）的價値，而十二點鐘的平均勞動可以實現六先令。又假定勞動的價値是三先令（即六點鐘的勞動的產物）。這樣，如果某種商品所消費的原料，機械以及其他的物件，若等於二十四點鐘的勞動，那牠轉變爲商品的價値便應該是十二先令。再假設被資本家所僱用的勞動者，又在這些生產要件（原料和機械等物）之上附加十二點鐘的勞動，那這十二點鐘當然又是實現了六先令的價値。因此，那個生產物的總價値，便實現爲三十六點鐘的勞動，亦卽實現爲十八先令。然而勞動的價値（卽支付給勞動者的工資）僅只三先令，所以實現在這個商品的價値之中的六點鐘的剩餘勞動，資本家對這幷沒付出報酬。於是資本家就按照十八先令的價値把這個商品出賣，這樣他就多得了三先令的價値。這三先令卽資本家的剩餘價値（亦卽利潤）。所以資本家之得着三先令的利潤，幷不是按照價値以上的價格出賣商品，而是以牠的眞實的價値出賣的。

商品的價值，是依據含在牠裏面的勞動總量而決定的。但是勞動總量的一部份，是以工資的形式實現在付了報酬的價值之中，而另一部份則是實現在未付報酬的價值之中。因此，商品之中所含的勞動的一部份，是有償勞動，而其他的一部份是無償勞動。這樣，把商品看作費在牠上面的勞動總量之結晶物，而按照牠的價值出賣，資本家就必然能夠得到利潤了。他非但出賣他付過代價的東西，而且也出賣了他沒有費過一個錢的東西。（當然，就勞動者方面說，這些東西是費了他的勞動的。）所以在資本家方面看來，商品的原價，與該商品的眞實的原價，是不同的兩件東西。我們在此地再重覆的說一遍：普通的平均的利潤，不是由於把商品在其價值以上出賣，而是按照其眞實的價值出賣而得到的。

六 剩餘價值的分配

對於『剩餘價值』，即對於商品總價值之中勞動者的剩餘勞動（無償勞動）所實現的那一部份，我把牠叫作『利潤』。但是這個利潤，幷非全部都流入僱用勞動者的資本家的衣袋裏去的。土地的獨佔權，使地主以地租的名義取得這個剩餘價值的一部份。至於他的土地是用於農業，建築或鐵道，抑或是用於其他的生產上，這都沒有關係。另一方面因爲勞動機關的所有權使企業家能夠獲取剩餘價值（即取得若干無償勞動），由於這一事實，那把勞動機關的全部或一部借貸給企業家的人（即金融資本家），他也有權利以利息的名義取得剩餘價值的一部份。所以企業資本家所能獲得的，只是叫作產業利潤或商業利潤的那一部份。

剩餘價値的總額究竟以何方法分配在這三種人中，這與我們在這裏所討論的問題全無關係。這件事情只是從以前所講的所得出的結論而已。

地租，利息，以及產業利潤，不過是對於商品的剩餘價値中的各部份之各個不同的名稱而已。而且三者都是從一個源泉產生出來的。決不是從土地本身，也不是從資本本身產生出來的。只是因爲土地和資本，使牠們的所有者對於企業家從勞動者方面所搾取的剩餘價値，有權利去各取一份罷了。對於勞動者自身，這個剩餘價値（卽自己的剩餘勞動或無償勞動的結果）是全部被資本家取去，抑或這資本家不能不以地租或利息等名義而把其中的若干部份分與第三者，這都不成什麼大問題。若是資本家只使用他自己的資本，而且他自己又是地主，那全部的剩餘價值，當然就只流到他一個人的衣袋裏去了。

假定資本家所取得的總利潤是一百磅，那我們把牠當作獨立的金額而叫牠作『利潤額』。但是在計算這一百磅對於投下去的總資本之比例時，我們把牠當作相對的金額而叫作「利潤率」。這個利潤率很明顯的是可以用兩種方法來說明的。

假定作爲工資而投下去的資本是一百磅。而且假定其剩餘價值也是一百磅。那麽勞動時間的一半便是無償的勞動。所以這個利潤，若與作爲工資而投下去的資本比較起來，則我們可以說牠的利潤率是百分之一百。因爲投下去的價值是一百，而收回頭的則爲二百。

但是，我們如果不單是去考察作爲工資而投下的資本，而把投下的全部資本（例如五百磅，其中四百磅是代表原料，機械以及其他物件的價值）來加以研究，那麽這個利潤率便只有百分之二十了。因爲一百磅的利潤只是投下的全部資本的五分之一而已。

以上的兩種方法之中，第一種利潤率的表現法，是表示有償勞動與無償勞動之眞實的比例（亦卽表示勞動榨取的眞實的程度）。第二種是普通流行的方法，爲着某種目的，這的確也是一種適當的方法。特別是爲着隱瞞資本家榨取勞動者的程度，這是一種非常方便的方法。

底下，我使用『利潤』這個名詞的時候，卽是指資本家所榨取的剩餘價值的總額而言，至於這個剩餘價值如何分配給各種的人，我是完全不去注意的。而我使用『利潤率』這一名詞的時候，無論何時，總是指作爲工資而投下的資本與利潤的比例而言。（堺氏註：在這種意義上的利潤率，馬克斯又叫作剩餘價值率。）

七　利潤與工資及價格之關係

從商品的價值之中，若除去用在該商品中的原料以及其他生產機關的價值（卽除去該商品中所含的過去的勞動的價值），那所剩下來的價值，卽是最近勞動者所附加的勞動量。若勞動者每天勞動十二點鐘，而十二點鐘的平均勞動結品爲六先令的錢，那這六先令就是勞動者所作出的唯一的價值。而這個價值，正是勞動者與資本家取得各自的一份之唯一的源泉。

這卽是說，這個價值分配成爲工資與利潤。不管分配的比例是如何的變化，這個價值本身很明白的是不會起什麼變化的。就是以全國總勞動者代替一個勞動者，以幾千萬日來代替一日，這個道理還是一樣的。

這樣，因爲勞動者與資本家共同分配勞動者所創造的價值，若果一方面取得太多，那另一方面就一定就取得太少。凡任何分量若作兩份來分的時候，這一方面是隨另一方面的減少而反比例地增大的。所以工資若發生變化，則利潤就向相反的方向發生變化。工資降低，利潤就增高。反之，工資提高，利潤就降低了。若是勞動者像前面所舉的例一樣，我取得三先令（卽他自己所創造的價值之半），那利潤率就是百分之一百。因爲勞動者取得三先令，而資本家取得的也是三先令。若是勞動者只取得二先令

（卽一日之中，只有三分之一的時間是爲他自己勞動的），那資本家就得四先令，其利潤率則爲百分之二百。若是勞動者取得四先令，資本家只取二先令，那利潤率就成爲百分之五十。不過，雖然有這樣各種的變化，然對於商品的價值是毫無影響的。

因此，工資之普遍的提高固然使一般利潤率降低，然而這幷不影響商品的價值。但是，商品的價值雖然是由附着在該商品之中的總勞動量來決定的，這個勞動量雖然幷不受無償勞動與有償勞動的相互比例所影響，可是我們不能就此推論下去，以爲在十二點鐘內所生產的一種商品或數種商品的價值，無論何時都是不變的。在一定的勞動時間以內所生產的商品的數量，乃決定於勞動的生產力，幷不決定於勞動的延長。例如有某種紡織勞動的生產力，在一天工作十二點鐘以內，能夠生產十二磅棉紗，但是若只有比較更低的生產力，則十二點鐘以內不過只能產生二磅棉紗，而十二點鐘的平均勞動，若實現爲六先令的價值，那在前者的場合，十二磅的棉紗就值六先令，而在後者的場合，則二磅棉紗也同樣值六先令。因之在前者的場合，一磅棉紗合六便士（卽半先令）而在後者的場合，則爲三先令了。這樣，價格的差異，是從所使用的勞動生產力的差異發生出來的。在大的生產力之下，一點鐘的勞動就實現一磅棉紗，而在小的生產力之下，六點鐘的勞動才能實現一磅紗。在一方面，工資較高，利潤率較低，一磅棉紗的價格是六便士，在另一方面，工資較底，利潤率較高，一磅棉紗的價格是三先令。其所以這樣是因爲棉紗的價格是依所費的勞動總量而規定的，而勞動總量，與有償勞動和無償勞動的相互比例幷不生任何關係。

我在前面說過，高價的勞動生產廉價的商品，而廉價的勞動倒生產高價的商品，這種似乎是矛盾的外觀，已由以上的說明消除了。總之這一說明不過表示一般的法則，這法則即是：商品的價值是由消費在牠上面的勞動量而規定的，而勞動量則又依據勞動生產力的大小而決定，所以商品價值隨着勞動生產力的一切變化而變化。

八 增加工資和反對減低工資的運動

以下我們來研究提高工資和反對減低工資的運動。

（一）如以前所講的，勞動力的價值（通俗的講，勞動的價值），是由生活必須品的價値、或由生產這些生活品所必要的勞動量）而決定的。若在某一國家以內，勞動者的一日生活必須品的平均價値，代表六點鐘的勞動（用錢來說，是三先令），那這個勞動者爲着生產出自己生活的代價，每日只要勞動六點鐘就夠了。然一日的勞動時間是十二點鐘，資本家若用三先令的工資來償付勞動的價値，那整整的半個勞動日是無償的勞動，而利潤率就達到百分之一百。現在假定由於生產力減少的結果，爲着生產同一份量的農產物，需要比以前更多的勞動，因之一日平均的生活必須品就由三先令漲到四先令。在這場合，勞動的價値增高了三分之一。而勞動者爲着生產與以前相同程度的生活的代價，那他就非勞動八點鐘不可。於是剩餘勞動從六點鐘減少到四點鐘，利潤率從百分之一百減少到百分之五十。在這個時候，勞動者若要求增加工資，那不過是因爲他自己的勞動的價值增加了，正同一切其他商品的出賣者一樣，當商品的原價增加時，他就要取得那所增加的價值。所以工資若不增加，或者不能如所願望的增加，於是就不能補償生活必須品的價值的增加，在這個場合，勞動的價格降到價值以下，而勞動者的生活程度也就下落了。

但是，與這相反的變化也可以起來的。因爲勞動生產力的增加，像從前那樣的一日平均的生活必須品，由三先令減到二先令。這郎是說，爲着生產一日生活必須品的代價，以前要六點鐘，現在只要四點鐘就夠了。若是這樣，勞動者以前用三個先令去買的生活品，現在可以用二先令買到了。勞動的價值雖然下落，然仍然可以用這減少了的價值來買與以前同樣的商品。利潤從三先令上升到四先令，利潤率從百分之一百上升到百分之二百。勞動者的生活程度（絕對的看），是同以前一樣，然而他的工資與資本家的利潤一比較（相對的看），是下落了。而且他的社會的地位，與資本家的增高的地位一比較，是相對的下落了。在這個時候，勞動者若起來反抗他的工資相對的下落，那他不過是對於自己勞動生產力之增加，企圖取得應得之份而已，不過是想維持與以前同樣的相對的地位（卽與資本家增高的地位相比較，自己也應增高相當的地位）而已。英國的穀物條例廢止之後，一般的工廠主都減少了工人百分之十的工資。勞動者對於這事的反抗，最初雖被壓迫下去，然因種種的原因，後來終究恢復了這已取消了的百分之十。這個事實，足以爲以上的說明之例證。（註：穀物條例是爲着保護地主的利益，對於穀物的輸入課以關稅，以抬高穀價的法律，然而工業資本家爲了他們自己的利益，即是說爲着使勞動者的工資低廉起見，起來反對這個法律，他們說，爲着幫助勞動者的生活，不能不降低穀價。這是資產階級自由黨反對保守黨貴族之僞善的主張。）

（二）生活必須品的價值（因之勞動的價值），若仍然是如原來的一樣，然因貨幣的價值發生變化，則生活必須品的貨幣價格也會發生變化的。

因爲豐富礦山的發見以及其他的情況的出現，有時候兩盎斯的金子，只要從前生產一盎斯金子的勞動就可生產出來。這樣，金子的價值就減少了一半。於是一切商品的價值就表現爲以前貨幣價值的兩倍。因之勞動的價值也是如此。即十二點鐘的勞動，以前表現爲六先令，現在則表現爲十二先令了。在這時候，勞動者的工資，如果還是原來的三先令，那他的勞動的貨幣價格，只有牠的價值之一半了，因之他的生活程度也就低下了。

若是工資上漲了，但這個上漲與金子的價值的下落不成比例的話，那末也會發生與上面相同的或大或小的生活程度的降低。大凡在這種場合，勞動的生產力，勞動的供給與需要，以及勞動的價值，都無何等的變化。所變化的，只是表現勞動價值的貨幣名稱而已。在這種場合，若是說勞動者不能要求相當的（與金子的下落能成比例的）工資的增加，這無異是說，對於勞動者，不必用實物的支付只用名目的支付即可以使之滿足了。但是，從過去的歷史所證明的來看，當貨幣這樣下落的時候，資本家總是很敏捷的利用這個機會來欺騙勞動者。根據大多數經濟學者所證明的，由于金礦的新發現，銀礦採掘法的改善，以及水銀廉價供給的結果，現在金銀的價值更加下落了。歐洲大陸增加工資的運動，是普遍的同時發生的，這從上面可以得到說明的。

（三）在以上的說明之中，我們是假定一個勞動日（即一日的勞動時間）是有一定限度的。但就勞動日的本身來說，其限度幷不是沒有變化的。資本家的傾向，總是想儘生理上的可能，把勞動日延長到最長的限度。因爲勞動日愈延長，則剩餘勞動就愈增大。所以資本家若愈能把勞動時間延長，則他就愈能多多取得別人的勞動了。

在十七世紀以及在十八世紀開始的三分之二的時期當中，十點鐘的勞動，在英國是普通的勞動時間。但是，在反甲可邦的戰爭之中，資本家達到最得意的全盛時代，所以勞動時間從十點鐘延長到十二點鐘，十四點鐘以至十八點鐘。像馬爾薩斯這樣的學者，決不是容易流淚的感傷家，然而他在一八一五年出版的小册子之中，也這樣說道：『這種狀況若長久繼續下去，則國民的生命就從根本上被破壞了』。在一七六五年之際，即在新發明的機械普遍應用以前的幾年之際，有某一個公然以勞動階級的敵人自命的匿名的著述家，力言擴大勞動時間之必要。而且他提議設立一種勞役場以作達到這種目的的手段，並說必須使這個勞役場成爲一種『恐怖之家』。但是這個『恐怖之家』的勞動時間，他究竟指定爲多久呢，也不過是十二點鐘。然而這個十二點鐘，在一八三二年，一般資本家與經濟學者以及內閣大臣等，不僅認爲是十二歲以下的兒童現行的勞動時間　而且認定是必要的勞動時間。（從前那種殘酷的學者所堅決主張的十二點鐘的勞動，還算是好的，到後來這種勞動時間且被人認爲是小兒正當的勞動時間，從此可以明白資本家階級的傾向，總是盡量延長勞動的時間。）

勞動者由於出賣自己的勞動力——在現制度之下，除此別無他法——把他勞動的消費權讓渡給資本家。但是這也有相當的限度的。勞動者之出賣勞動力，是爲着維持而不是爲着破壞他的勞動力。因此，他用一日或一週的價值出賣勞動力，那他決不是要使牠消費到兩天或兩週的程度，這是在開初就已經決定了的。我們試拿一千磅的機械作例來看。這個機器若在十年之間使用完了，那麼牠對於牠所生產的商品的價値，應該是每年附加了一百磅上去。若是在五年之間使用完了，那每年就附加了二百磅，所以機器一年之間所消耗的價值，與牠被使用的速度是成反比例的。但是勞動者與機械的分別就在這裏。機械之消耗，幷不是按照牠被使用的方法和精密的程度成比例的。而人類與此相反，工作的分量愈增加，則他的衰弱，要超過增加分量以上的。

所以勞動者企圖把勞動時間縮短至相當的範圍以內，或者在標準勞動時間的法律，還沒有實行的地方，企圖增加工資以防止過重的勞動，這在實際上就是對於他們自己以及對於他們的同族履行自己的義務。要求縮短勞動時間，或者對於延長的勞動時間，要求比例以上的工資，這都是勞動者爲着防止自己以及自己階級的滅亡之義務。他們只有用這個方法，才能對於資本家暴虐的壓迫加以相當的抵抗。本來，有了時間、人類才有發展的餘地。人類在一生之中，除了睡眠飲食這種生理的休息以外，一切的時間都爲資本家勞動，而自己一點自由的時間都沒有，那這種生活，實在比牛馬還不如。這種人只是爲別人生產財富的機械，身心都遭受破壞。但是從近世產業的全歷史來看，資本家若不受着阻碍，那牠總盡量的壓迫全勞動階級，企圖使他們陷於這種極度的退化狀態之中。

資本家由於延長勞動時間，縱然同時提高工資，他仍然能使勞動的價值減低。在工資的提高比不上勞動使役量的增大（這要引起勞動力的急速減退）之時，卽發生這種情形。還有一種情形。例如世界一般的統計家，都說在蘭開夏地方，職工家族的平均工資是提高了。但是他們忘記了一件事情：現在不僅是一家之主的男子，必須作工，他的妻子甚至於他的三四個孩子，都被投入資本的大車輪之下了。而且他們還忘記一件事情，就是工資合計的總額，是趕不上資本家從這個家庭所榨取的剩餘勞動的總額的。

就是在適用工場法的一切的產業部門，勞動時間雖有某種限制，然而要想維持向來的勞動價值的標準，也必須增加工資才行。因爲勞動強度的增加，使一個人在一點鐘之內，消耗與以前在兩點鐘之內相同程度的精力。這種事情，在適用工場法的各企業之中，因爲大機械運轉速度的增進，與一人所管理的作業機械數目之增加，已經實現到某種程度了。勞動強度的增加，與勞動時間的縮短若能保持很好的比例的話，那勞動者還能得到一點利益，若超過限度，那勞動者在一方面所得到的，就會在另一方面失去了，因此十點鐘的勞動，可以得到與以前十二點鐘的勞動相同的惡結果。所以勞動者之要求增加工資，并要求工資的增加與勞動強度的增高能相適應，以阻止資本家上述的惡傾向，實際上只是防止自己勞動力的頹廢和自己的種屬（卽一般勞動階級）之退化而已。

（四）你們各位都知道，資本家的生產常常形成一種週期的循環。（其理由在此地只能從略）。這卽是說，資本家的生產要經過穩定狀態、活躍狀態，繁榮狀態，生產過剩狀態，恐慌狀態，和停滯狀態。而在市場上商品的價格和利潤率，也隨着這種種局面，或者低落到平均以下，或者上昇到平均以上。我們考察這個循環的全部，就可以了解市場價格的一方的超過，是可由另一方面的超過來補償的。并且若考察這個循環的平均狀況，還可知道商品的市場價格是由牠的價值來規定的。在市場價格的下落時期，以及在恐慌停滯的時期，勞動者縱令不完全失業，然他們的工資一定是會下落的。在這時候，勞動者若是不被人欺騙的話，那對於市場價格下落，影響工資下降的程度問題一定非同資本家發生爭執不可。在利潤豐盛的繁榮時期，勞動者若不爲增加工資而鬥爭（而在不景氣時代工資若是降低了的話），那麽從產業的整個循環期說來，勞動者是連平均工資（卽勞動的價值）也沒有得到。在不景氣的時代工資必然下落，而在繁榮時代若說不能取得補償，那是非常愚蠢的話。

從大體上看起來，一切商品的價值，是經過市場價格不斷變動（這變動是由需要與供給不斷變動所產生的）及相互抵消然後才實現的。在現制度之下，勞動與其他一切的商品一樣，也是一種商品。所以勞動旣同樣的要經過市場價格的變動，那牠就應該取得與牠的價值相應的平均價格才成。若在一方面把勞動作爲商品，在他方面却又把勞動從規定商品價值的法則之中除外，這眞是十分不公平的事情。奴隸尙可以得到永久定額的衣食，而工錢勞動者連這點都不可能。所以勞動者爲着補償在某種場合工資下落所受的損失，就不能不在其他的場合作增高工資的運動。勞動者若安心把資本家的意志和命令作爲永久的經濟法則，那他不能有奴隸那樣的安全，又不能不有奴隸那樣的貧窮。

（五）在上面所講的一切情形之中，我們知道增加工資的運動，都是在其他許多變化發生之後，才發生的。卽是從生產額的變化，勞動生產力的變化，勞動價值的變化，貨幣價值的變化，勞動使用的延長和勞動強度的增加，以及市場價格的變化等等事情所產生的必然結果，簡單的說，還是勞動對於資本的既有的行動之反抗。所以，若拋開這些變化不講而獨立的去觀察增加工資的鬥爭。即是只看見工資的變化，而不看見產生工資變化的其他的變化，那是從錯誤的前提出發，結果一定會達到錯誤的結論的。

九　資本與勞動的鬥爭

（一）在前一章我們已經說過，勞動者對於減低工資之定期的反抗，以及如增加工資的定期鬥爭，是與工資制度不可分離的；並且，勞動既被認爲是一種商品，因之也被一般的價格法則所支配，這些反抗和鬪爭正是從這些事實發生的，我們還說過，工資一般的騰貴，固然招致一般利潤率的下落，然並不影響商品的平均價格（卽商品的價值）。現在留下來的最後的一個問題，就是：在資本與勞動這種不斷的鬥爭之中，勞動者究竟可以成功到何種程度呢？

就大體上來說，我可以這樣的答覆。勞動與其他一切的商品相同，牠的市場價格，結果總是趨向於牠的價值的。所以，不管一切工資是高是低，也不管勞動者作什麽企圖，平均起來他不過是取得他自己勞動的價值而已。至於勞動的價值，卽勞動力的價值，是由維持勞動力所必須的生活資料的價值而決定的，而這些生活資料的價值，結果不是由生產牠們所必須的勞動量來決定的。

但是，在勞動力的價値與其他一切商品的價値之間，是有某種特別差異之點的。勞動力的價値是由兩種要素構成的。其一是生理的，另一是歷史的或社會的。勞動力的最高的限度，是由牠的生理的要素決定的。爲了繼續維持勞動力，勞動階級必須得到生活上與蕃殖上絕對不可少的衣食住。因此，這個絕對不可少的衣食住的價値，就是勞動價値的最高的限度。在另一方面，勞動時間的長短也是有最高的限度的。其最高的限度是依勞動者的體力而決定的。若是勞動者的精力，每天消耗越過一定的程度，那決不能長久繼續下去的。可是如上所述，這種限制，多少還有些伸縮性。譬如僱用不健康的短命的勞動者一代一代的急速的替換下去，也可以和僱健康的長命的勞動者繼續替換下去一樣，在相當的時期以內勞動市場還是可以維持的。

除了這個生理的要素以外，無論在任何國家，勞動的價值都由傳統的生活標準所決定的。這個所謂傳統的生活，不單是肉體的生活，還包含有一定慾望的滿足（這些慾望是從人所處的各種社會環境發生的）。所以英國的生活標準，雖可以把牠降低到愛爾蘭的標準，而德意志的農民的生活標準雖可以把牠降低到利維尼亞的農民生活的標準，但是歷史的傳統與社會的習慣，在這一點上是有很重要的性質的。現在英國各農業地方的平均工資，還是表現出差異，這是因爲這些地方在脫離農奴狀態的時候，其情況有良否的緣故（即農奴解放較澈底的地方，現在的平均工資較高——譯註）

滲入勞動價值之中的這種歷史的（或社會的）要素，既可以擴大，又可以縮小，甚至還可以在生理限度以上把牠完全消滅。

把各國的工資標準加以比較，又把同一國家各個時代的工資加以比較，那我們可以知道勞動價值的本身（假定其他一切商品的價值是沒有變動的），決不是固定的而是可變的東西。又根據這種比較，我們還可以知道利潤的平均率是隨着利潤的市場率的變化而變化的。

但是關於利潤，並無任何決定牠的最低限度的法則。我們不能決定利潤下降之最低的限度。爲什麼我們不能決定呢？這是因爲我們固然可以決定工資的最低限度，但是我們不能決定牠的最高的限度。我們所能夠說的只是：勞動時間的限度若是一定的，那利潤的最高限度與工資的生理的最低限度是相應的，並且工資若是一定的，那利潤的最高限度與勞動者體力所能夠支持的勞動時間的延長是相應的。（卽勞動時間若是一定的，則工資愈低下的時候，利潤就愈達到最高的限度。若工資是一定的，那勞動時間愈延長，則利潤就愈達到最高的限度。）因此，利潤的最高限度，是依工資的生理的最低限度與勞動時間的生理的最高限度而決定的。可是在利潤的最高率這兩種限度之間，是有廣大變化之可能的。所以牠的實際程度的規定，是依據資本與勞動之間不斷鬥爭的勢力消長而決定。這就是說資本家方面，要不斷的把工資降低到生理的最低限度，把勞動時間延長到生理的最高限度，而勞動者方面則不斷要向反對的方向奮鬥。

因此，問題於是歸結到鬥爭雙方的實力如何而決定。

（二）在英國，勞動時間的限制，與其他各國一樣，是由法律來干涉的。不用說，若沒有勞動者不斷的外部的壓迫，則這種法律的干涉決不會有的，總之，勞動者與資本家的私人的協定，是不會得着這種結果的。這種政治行動（卽法律的干涉）的必要，就證明卽令是簡單的經濟行動，資本也是佔優勢的。

關於勞動的價值的限度，其實際的決定是常常依據需要與供給的關係的（卽資本家方面對於勞動的需要，和勞動者方面的勞動的供給）。在殖民地各國，需要供給的法則對於勞動者是有利的。所以在北美合衆國，工資的標準比較的高。然而那裏的資本家，還是拚命的想搾取勞動者。但因爲工錢勞動者可以不斷的變成獨立自營的農民，勞動市場常常感覺不足，這是資本家沒有辦法的事情。對於大多數的美國人，工資勞動者的地位不過是見習的期間而已，他們或遲或早是要離去這個地位的。爲着防止殖民地這種狀況起見，母國的英國政府，在開初短時期以內，把殖民地的土地加以人工的高價，想以此防止工錢勞動者之過早的變成獨立的農民。

我們暫時且放下美國不說，且來考察資本家支配着生產過程全部的舊文明國家。例如在英國，從一八四九年到一八五九年農業工資騰貴的時候，那時怎樣呢？農業資本家（僱用勞動者以經營農業的資本家），既不能提高小麥的價格，又不能提高牠的市場價格。反之，他們不能不服從價格的下落。但是，他們在這十一年之間，採用各種的機械，多多應用科學的方法，變耕地的一部份爲牧場，擴大農場和生產的範圍，用這些方法來增加勞動生產力以減少對於勞動的需要，而使農民人數再起過剩，這是在舊文明國家，資本家對工資的騰貴所採取的一般的反動方法。李嘉圖說得好，機械是不斷與勞動競爭的，只要勞動的價格要達到某種高度之時，機械就開始被採用了。但是機械的採用，不過是增加勞動生產力的許多方法之一而已，這種使普通勞動者成爲過剩的發展過程，在一方面使熟練勞動單純化，他方面又減低他的價值。

這同一的法則，還可以以別的形式而出現。隨着勞動生產力的發達（即使在工資較高的場合），資本的集壘也促進了。因之，有人會起這樣一種思想，即認爲資本急速的集壘增加了對於勞動的需要，所以對於勞動者是有利益的。亞丹斯密斯，是近代產業還當幼稚時代的人，他就有這樣的議論。從這相同的立場出發，現代的許多學者很驚奇英國的資本，在最近二十年之間，與人口的增加比起來，有很大的發展，但爲什麼工資不騰貴呢？實際上是這樣的：隨同資本積蓄的進展，資本的構成就起了累進的變化。卽是在總資本之中，由機械，原料，以及其他生產機關所形成的部份（卽固定資本），與資本的其他部份（卽充作工資的部份，充作購買勞動的部份）比較起來，是累進的增大了。

資本的這兩種要素的比例，若原來是一對一，那在產業發達的今日，就成爲五對一了。假定在總資本六百圓之中，有三百圓是用在機械，原料以及其他的東西，其餘三百圓是用作工資的，若是要把從來勞動者的人數增加一倍（卽六百人），那麽把總資本增加一倍（卽一千二百圓）就行丁。但是，若果在總資本六百圓之中，五百圓是用在機械，原料以及其他的東西上面，而只有一百圓用作工資，那麼要把從來勞動者的人數增加一倍卽六百人的話，則總資本非從六百圓增加到三千六百圓不可。所以在產業發達之時，對於勞動的需要，與資本的集疊決不是並行的。對於勞動的需要固然還是增加的，但與資本的增加比較起來，那牠的增加的比例是不斷減少的。

由于以上簡單的說明，這樣的事情是很明白的。近代產業發達的本身，其累進的傾向是不利於勞動者，而有利於資本家的。並且資本家生產制的一般傾向，並不是提高工資的平均標準，而是降低工資的平均標準的。卽是把勞動的價値，多多少少要壓到牠的最低限度。資本制度的傾向既是這樣，勞動階級對於資本這樣的進攻還是反抗抑或不反抗呢？當改善的機會到來的時候，他們還是最好的利用牠呢抑或放棄牠呢？若是他們是採取抵抗，那他們就會完全墮落到成爲不可藥救的失敗者。在前面我們已經說過，勞動階級對於工資的標準的鬥爭，是與工資制度不可分離的事情。並且百中之九十九，他們增加工資的努力，只是維持當時勞動力價值的努力而已。他們爲了當時的勞動價格而與資本家鬥爭，也正是固守着他們原來的立場——卽是以勞動作爲商品而出賣的立場。但是他們如果在日常與資本家衝突之中，很卑怯的讓步，那他們就沒有資格掀起任何偉大的運動了。

在另一方面，勞動階級不能把這個日常鬥爭的最大效果過分重視。換句話說，他們不能因日常鬥爭的勝利而自滿。他們不能忘記：這只是與結果作戰，而不是與那結果的原因作戰。他們不可忘記：這只是阻止向下的傾向，而不是根本改變牠的方向，並且這只是姑息的治療法，而不是根本的解決辦法。因此，他們不可只埋頭在那些小的鬥爭之中（這些鬥爭是從資本的進攻以及市場的變化當中必然發生的）。他們必須理解：現制度一方面固然把一切的悲慘加在他們身上，但同時還產生了社會經濟改造的必要的物質條件和社會形體。在他們的旗幟之上，應該取消那『正當的勞動應有正當的工資』的保守口號，而代以『取消工資制度』的革命的標語。

我在此地提出以下三個斷語，作爲我這次演講的終結。

第一，工資率一般的騰貴，固然產生一般利潤率的下落，然從大體來說，是不影響商品的價格的。

第二，資本家生產制的一般傾向，不是提高工資的平均標準，而是降低牠。

第三，勞動者的組織，是對抗資本進攻的中心，牠有很大的作用。但是部份的說來，勞動者的組織往往因使用牠的力量不很得當而致失敗。而一般的說來，勞動者的組織若只埋頭於日常的小的鬥爭，也會失敗的。因此勞動者的組織，必須以變更現存制度爲職志，應該用自己的團結力作爲勞動階級最後解放的槓杆，只有這樣，才能免於失敗的命運。